THE WEAPONS ENCYCLOPÆDIA
TANK AIRCRAFT AFV SHIP ARTILLERY VEHICLES SECRET WEAPON

AF076276

TWE-030 ITA

CARRO USA M4 SHERMAN

THE WEAPONS ENCYCLOPAEDIA

EDITORIAL STAFF
Luca Cristini, Paolo Crippa.

REDAZIONE ACCADEMICA
Enrico Acerbi, Massimiliano Afiero, Aldo Antonicelli, Ruggero Calò, Luigi Carretta, Flavio Chistè, Anna Cristini, Carlo Cucut, Salvo Fagone, Enrico Finazzer, Arturo Giusti, Björn Huber, Andrea Lombardi, Aymeric Lopez, Marco Lucchetti, Gabriele Malavoglia, Luigi Manes, Giovanni Maressi, Francesco Mattesini, Daniele Notaro, Péter Mujzer, Federico Peirani, Alberto Peruffo, Maurizio Raggi, Andrea Alberto Tallillo, Antonio Tallillo, Roberto Vela, Massimo Zorza.

PUBLISHED BY
Luca Cristini Editore (Soldiershop), via Orio, 35/4 - 24050 Zanica (BG) ITALY.

DISTRIBUTION BY
Soldiershop - www.soldiershop.com, Amazon, Ingram Spark, Berliner Zinnfigurem (D), LaFeltrinelli, Mondadori, Libera Editorial (Spain), Google book (eBook), Kobo, (eBoook), Apple Book (eBook).

PUBLISHING'S NOTES
None of unpublished images or text of our book may be reproduced in any format without the expressed written permission of Luca Cristini Editore (already Soldiershop.com) when not indicate as marked with license creative commons 3.0 or 4.0. Luca Cristini Editore has made every reasonable effort to locate, contact and acknowledge rights holders and to correctly apply terms and conditions to Content. Every effort has been made to trace the copyright of all the photographs. If there are unintentional omissions, please contact the publisher in writing at: info@soldiershop.com, who will correct all subsequent editions.

LICENSES COMMONS
This book may utilize part of material marked with license creative commons 3.0 or 4.0 (CC BY 4.0), (CC BY-ND 4.0), (CC BY-SA 4.0) or (CC0 1.0). We give appropriate attribution credit and indicate if change were made in the acknowledgments field. Our WTW books series utilize only fonts licensed under the SIL Open Font License or other free use license.

CONTRIBUTORS OF THIS VOLUME & ACKNOWLEDGEMENTS
Ringraziamo i principali collaboratori di questo numero: I profili dei carri sono tutti dell'autore. Le colorazioni delle foto sono di Anna Cristini. Ringraziamenti particolari a istituzioni nazionali e/o private quali: Stato Maggiore dell'esercito, Archivio di Stato, Bundesarchiv, Nara, Library of Congress, Wikipedia, USAF, Signal magazine, Cronache di guerra, Fronte di guerra, IWM, Australian War Museum, ecc. A P.Crippa, A.Lopez, Péter Mujzer, L.Manes, C.Cucut, archivi Tallillo. Model Victoria (www.modelvictoria.it) ecc. per avere messo a disposizione immagini o altro dei loro archivi.

For a complete list of Soldiershop titles, or for every information please contact us on our website: www.soldiershop.com or www.cristinieditore.com. E-mail: info@soldiershop.com. Keep up to date on Facebook https://www.facebook.com/soldiershop.publishing

Titolo: **CARRO MEDIO US M4 SHERMAN - CARRI USA VOL. I** Code.: **TWE-030 IT**
Collana curata da/Autore: Luca Stefano Cristini
ISBN code: 9791255891659 Prima edizione Novembre 2024
THE WEAPONS ENCYCLOPAEDIA (SOLDIERSHOP) is a trademark of Luca Cristini Editore

THE WEAPONS ENCYCLOPÆDIA
TANK AIRCRAFT AFV SHIP ARTILLERY VEHICLES SECRET WEAPON

CARRO MEDIO US M4 SHERMAN
CARRI USA VOL. I

LUCA STEFANO CRISTINI

BOOK SERIES FOR MODELERS & COLLECTORS

INDICE

Introduzione 5
- Premesse 5
- Lo sviluppo e il progetto 6
- Caratteristiche tecniche 16

Impiego operativo 23
- Fronte Nord Africano 23
- La guerra in Europa Italia, Francia e Germania 25
- Lo sbarco in Normandia e la campagna di Francia 30
- Guerra nel Pacifico 32
- Guerra di Corea 37

Mimetica e segni distintivi 41
- Ultimo periodo 42

Versioni del veicolo 47

Conclusione 52

Schede tecniche 52

Bibliografia 58

▼ La caratteristica sagoma dello Sherman M4 qui in mostra al parco esposizioni di Novegro (Italia)

INTRODUZIONE

L'M4 Sherman fu il carro armato simbolo dell'esercito statunitense, introdotto nel febbraio 1942 come risposta alle innovazioni nella guerra corazzata, realizzate in Europa dalla Wehrmacht. Il mezzo venne progettato per soddisfare l'urgenza di creare grandi formazioni corazzate mobili, e fu equipaggiato con un cannone da 75 mm (poi costantemente migliorato nel tempo) e due mitragliatrici. Ebbe un ruolo consistente durante la seconda guerra mondiale e, successivamente, nella guerra di Corea. Sebbene le prime versioni soffrissero di una certa vulnerabilità, come la facilità di incendiarsi lo Sherman poté vantare uno dei tassi di sopravvivenza più alti della guerra fra i carri armati.

L'M4 Sherman divenne presto uno dei carri armati più costruiti della seconda guerra mondiale, con quai 50.000 esemplari realizzati in ben 19 varianti, condividendo questo primato con il celebre T-34 sovietico. Grazie alla sua affidabilità meccanica e alla versatilità del suo scafo, lo Sherman fu anche alla base per numerosi altri veicoli blindati, inclusi cacciacarri e semoventi, distribuiti in migliaia di esemplari (questi ultimi saranno parte di un volume speciale sugli Sherman). Quasi tutti gli alleati degli Stati Uniti ne fecero un largo uso.

PREMESSE

All'inizio della Seconda Guerra Mondiale, la dottrina ufficiale dell'esercito statunitense sosteneva che i carri ar-mati dovessero essere impiegati soprattutto in appoggio alle operazioni offensive condotte dalla fanteria. La distruzione dei mezzi corazzati nemici era invece il primario obiettivo dei cosiddetti Tank Destroyer Batta-lions, equipaggiati con cannoni anticarro e semoventi cacciacarri.

Lo Sherman americano, in grado di percorrere ampie distanze senza incorrere in gravi avarie, era un carro armato medio perfettamente idoneo all'esecuzione di manovre volte a penetrare profondamente nelle linee avversarie. Le unità corazzate statunitensi che sbarcarono in Normandia erano per la maggior parte dotate di Sherman M4 e M4A1, muniti di motori radiali alimentati a benzina e cannoni da 75 mm di calibro.

Nel 1944, il cannone M3 montato sugli Sherman consentiva agli equipaggi alleati di affrontare in condizioni di parità il Panzerkampfwagen IV ma l'apparizione di carri tedeschi più pesanti come il Tiger e il

▲ Catena di montaggio del carro M3 presso il Detroit Tank Arsenal, Warren, Michigan (1942)

Panther, mutò drasticamente la situazione. E' doveroso sottolineare che durante il conflitto gli scontri tra mezzi corazzati non furono le più comuni forme di combattimento. I carri armati furono infatti più frequentemente coinvolti in azioni contro bersagli "morbidi" come le fanterie, le artiglierie o altri veicoli non protetti. Tuttavia, quando in Normandia gli Alleati cominciarono a imbattersi con maggior frequenza nel Panther, apparve chiaro che il pezzo da 75 mm dello Sherman era inadeguato di fronte a simili avversari. Il Panther poteva agevolmente sconfiggere lo Sherman centrandolo da 1.000 m. Al contrario, l'armamento principale del carro alleato non riusciva a perforare la corazzatura anteriore del Panther, spessa e fortemente inclinata, neppure alle più brevi distanze.

Allo scopo di ovviare a tale problema, i britannici, per primi, decisero di accrescere la potenza di fuoco dei propri carri armati. L'A30 Challenger, basato sul carro Cromwell, venne dotato del potente cannone da 17 libbre (76,2 mm) che vantava eccellenti prestazioni controcarro.

Nondimeno, emerse la convinzione che lo Sherman sarebbe stato più adatto ad ospitare la temibile arma. Il risultato della conversione, eseguita sulle varianti M4 e M4A4, fu il Firefly che a partire dal D-Day può essere considerato il più efficace degli Sherman.

Il cannone del Firefly utilizzava tre tipi di munizionamento: perforante (Armour Piercing Capped), perforante con cappuccio balistico (Armour Piercing Capped Balistic Capped) e alto esplosivo (High Explosive). Il proiettile perforante con cappuccio balistico poteva penetrare una corazza spessa 13 cm, inclinata a 30°. Nell'agosto del 1944 fu disponibile la nuova munizione perforante ad abbandono di involucro che sebbene non eccellesse in termini di precisione, era comunque potenzialmente in grado di penetrare la corazza frontale del carro pesante tedesco Tiger II, a una distanza di circa 1.500 m. Gli statunitensi respinsero la proposta britannica di equipaggiare i propri carri armati con il formidabile 17 libbre poiché stavano lavorando a due nuovi armamenti, un cannone da 76 mm e un ottimo pezzo da 90 mm.

Il cannone M1A1 da 76 mm, installato sui nuovi Sherman M4A1 (76) w e M4A3 (76) w, poteva almeno

▲ Vari sacchi di sabbia sono stati piazzati sullo scafo anteriore di questo M4 (75) della 3a Divisione Corazzata allo scopo di fornire maggiore protezione contro le armi portatili anticarro tedesche, i temibili panzerfaust. Le corazze aggiuntive predisposte per i fianchi dello scafo venivano aggiunte sia nel corso della produzione sia durante il ricondizionamento dei vecchi Sherman. Stolberg (Germania), 3 novembre 1944. US NARA

Carro armato medio T6 il prototipo dello Sherman, USA 1941

▲ Immagine pubblicitaria vintage della seconda guerra mondiale, realizzat dall'artista GM Fisher nel 1943 per la Tank Art Dean Cornwell Military Decor, yna nota rivista della seconda guerra mondiale.

teoricamente mettere fuori combattimento il Panther colpendolo frontalmente a una distanza inferiore a 500 m, purché fosse utilizzato il proiettile perforante T4 ad alta velocità che racchiudeva un'anima al carburo di tungsteno. Un piccolo lotto di M4A1 (76) w fu inizialmente distribuito alla 2a e alla 3a Divisione Corazzata Statunitense alla fine del mese di luglio del 1944. Molti comandanti di equipaggio americani si mostrarono però riluttanti ad abbandonare i loro vecchi Sherman poiché la granata ad alto esplosivo sparata dal cannone da 76 mm conteneva una carica di gran lunga inferiore a quella dell'omologo munizionamento previsto per il pezzo da 75 mm. Tale atteggiamento sarebbe in ogni caso cambiato a partire dal gennaio del 1945. Ai fini di accrescere la potenza di fuoco ad alto esplosivo dei reparti corazzati, gli americani svilupparono due cannoni d'assalto, l'M4 (105) e l'M4A3 (105), dotando di un obice il carro armato Sherman. Ogni battaglione carri statunitense presente in Europa sarebbe stato provvisto, almeno sulla carta, di sei mezzi corazzati di questo tipo.

I vertici dell'esercito britannico non ritennero invece indispensabile l'impiego di Sherman configurati in tal guisa. I documenti ufficiali statunitensi riportano che i britannici ottennero 593 M4 (105) ma pare che nessun esemplare sia stato effettivamente da essi utilizzato sui campi di battaglia dell'Europa nord-occidentale.

Il Three Rivers Regiment, operante in seno alla 1a Brigata Corazzata Canadese fu una delle rare unità del Commonwealth che ebbe in carico un limitato numero di questi carri d'assalto, come dimostrato da alcune fotografie scattate nel periodo immediatamente successivo al termine del conflitto. La versione finale dell'M4A3 (mosso da un propulsore Ford), destinata ad equipaggiare per molti anni l'esercito statunitense, ricevette praticamente tutti i tipi di armamento principale previsti per lo Sherman (cannoni M3 da 75 mm, cannoni M1A1 da 76 mm e obici M4 da 105 mm) e costituì inoltre la base per la realizzazione dell'M4A3E2, un carro d'assalto la cui torretta vantava una corazza di 15,24 cm di spessore. La protezione fu ulteriormente aumentata tramite la saldatura di piastre corazzate addizionali sullo scafo superiore, sia anteriormente sia lateralmente e grazie all'adozione di una nuova massiccia copertura del differenziale. Prodotto in 254 esemplari, l'M4A3E2 fu armato con il pezzo da 75 mm, più adeguato a supportare la fanteria. Più tardi, su circa 100 di questi carri l'armamento originale fu sostituito con un cannone da 76 mm. Gli M4A3E2 furono impiegati sul fronte europeo dagli americani fin dall'autunno del 1944 e vi è prova che almeno uno di essi fu consegnato al 2e Régiment de Chasseurs d'Afrique, formazione appartenente alla 1a Divisione Corazzata Francese. Negli Stati Uniti, il dibattito incentrato sul ruolo dei carri armati imperversò fino a quando gli accadimenti sul campo di battaglia misero inequivocabilmente in evidenza che il buon esito di un combattimento dipendeva in larga misura dalla capacità di impiegare un'adeguata combinazione di fanterie e mezzi corazzati nel corso delle operazioni.

Nel 1942, la divisione corazzata americana era un'unità generalmente destinata al consolidamento del successo ottenuto dalla fanteria. Secondo le Tabelle Organizzazione ed Equipaggiamento dell'esercito statunitense all'epoca vigenti, essa comprendeva due reggimenti corazzati, entrambi articolati su tre battaglioni carri e un solo reggimento di fanteria meccanizzata, montato su semicingolati. Si trattava di una formazione la cui struttura era fortemente imperniata sulla componente corazzata, dotata com'era di ben 232 carri medi e 158 carri leggeri.

▲ Una rara immagine del protoitpo del primo Sherman, al tempo denominato progetto T6. Vedi tavola a pag. 7

Carro armato medio M4A1 "Major Jim" 2nd Battalion, 13th Armored Regiment, 1st Armored Division. al Passo di Kasserine, Tunisia febbraio 1943

Nel settembre del 1943, fu introdotta una nuova e più snella configurazione, fondata su tre battaglioni carri e altrettanti battaglioni di fanteria meccanizzata. Ogni battaglione carri si articolava su tre compagnie di carri armati medi Sherman e una sola compagnia di carri armati leggeri Stuart. La divisione così organizzata mostrava pertanto un maggiore peso della fanteria rispetto al periodo precedente. Complessivamente infatti, la divisione modello 1943 possedeva solo 186 Sherman e 77 Stuart.

Delle 15 divisioni corazzate americane impiegate sul fronte europeo, ben 13 erano del tipo "leggero". Solamente la 2a e la 3a Divisione Corazzata conservarono l'originale e più "pesante" struttura. Inoltre, quasi tutti i battaglioni carri indipendenti che parteciparono alla campagna europea furono organizzati sulla base dello schema più recente.

A causa del limitato valore bellico degli Stuart, i battaglioni provvisti esclusivamente di carri leggeri furono sostanzialmente riequipaggiati con carri medi Sherman.

L'Esercito della Francia Libera mise in campo tre divisioni corazzate, l'ordinamento delle quali ricalcava quello delle corrispondenti unità statunitensi. Ognuna delle divisioni francesi ottenne inizialmente 165 Sherman, principalmente M4A2 (75) e M4A4 (75), versioni che gli americani destinavano abitualmente alle altre forze alleate impegnate in Europa.

La 2a Divisione Corazzata Francese, inquadrata nella 3a Armata Americana, prese terra in Normandia solo due mesi dopo il D-Day. Sebbene interamente equipaggiata con carri M4A2, ebbe comunque modo di schierare anche alcuni M4 (105).

Dopo aver subito diverse perdite nell'estate del 1944, la divisione ricevette tra gli altri anche modelli di carri Sherman solitamente riservati alle unità statunitensi: M4 (75) e M4A1 (75) (primariamente assegnati ai reparti esploranti e di artiglieria semovente), nonché M4A1 (75) e M4A3, armati con cannoni da 75 e 76 mm oppure con l'obice da 105 mm.

La 1a e la 5a Divisione Corazzata Francese ebbero in origine sia M4A2 sia M4A4. Nel corso della campagna euro-pea, le perdite in carri furono rimpolpate soprattutto con altri M4A4 ma anche con qualche

▲ Vista interna dell'abitacolo, discretamente comdodo dello Sherman

Carro armato medio M4(75mm) . Company F, 2nd Battalion, 1st Armored Regiment. Tunisia marzo 1943

▲▼ Diversi tipi di motore utilizzati sugli Sherman americani e inglesi. Dall'alto a sinistra: GM 6046, motore diesel della genral Motors. A destra un motore Ford a benzina denominato GAA V8, superiore in tutti gli aspetti al Continental R975. In basso a sinistra: il citato motore Continental R-975. Motore che subì costanti migliorie per aumentarne l'affidabilità e la durata. A destra: un motore Chrysler-multibanch M4 A4.

CARRO USA M4 SHERMAN

Carro armato medio M4A1. Company G, 3rd Battalion, 13th reg. 1st Armored Division War Daddy in Tunisia 1943

M4A1 (76). Alcuni Sherman provvisti di obice da 105 mm furono distribuiti al 2e Régiment de Cuirassiers della 1a Divisione Corazzata Francese. E' stato provato che almeno due reggimenti della 5a Divisione Corazzata Francese ottennero, in limitata misura, degli M4A1 (75) e degli M4A1 (76) prima della conclusione delle ostilità.

Come abbiamo avuto modo di vedere, la dottrina britannica in tema di mezzi corazzati era alquanto differente da quella americana, essendo maggiormente orientata allo sviluppo di metodi atti a contrastare le concentrazioni di carri nemici.

Ogni brigata corazzata britannica era formata da tre reggimenti carri, reparti che in realtà avevano le dimensioni di un battaglione. Il reggimento corazzato era a sua volta suddiviso in tre squadroni (A, B, C) e un quartier generale. Il comando reggimentale disponeva normalmente di quattro carri (tre di essi erano carri preposti all'osservazione a beneficio dell'artiglieria, il cui armamento principale era sostituito da falsi cannoni di legno).

Ciascuno squadrone era equipaggiato con 15 carri medi, suddivisi in 5 troops (compreso il troop comando, anch'esso dotato di carri preposti all'osservazione). Successivamente fu introdotta una struttura imperniata su 4 troop di 4 carri ciascuno. Oltre ai reparti specializzati assegnati alla 79a Divisione Corazzata, i britannici schierarono sei brigate corazzate equipaggiate con carri Sherman nel teatro bellico europeo. Due di esse erano indivisionate: la 5a Brig. della Guardia era una importante componente della Divisione Corazzata della Guardia, la 29a era parte integrante della 11a Divisione Corazzata. I reggimenti della 7a Divisione Corazzata (i celebri Desert Rats) si avvalevano invece innanzitutto di carri Cromwell, pur disponendo della consueta dotazione di Firefly. Le altre quattro brigate (4a, 8a, 27a, 33a) erano unità indipendenti, assegnate ai comandi di corpo d'armata e divisionali secondo le necessità contingenti.

A decorrere dal 1943, tutte le divisioni corazzate britanniche comprendevano nel proprio organico un reggimento corazzato esplorante che all'epoca delle operazioni in Normandia era equipaggiato con carri Cromwell. Si trattava di un nuovo tipo di unità che talvolta veniva utilizzato alla stregua di quarto battaglione carri. Anche se l'esercito britannico fece uso di svariate versioni dello Sherman, è necessario rilevare che sovente esse non erano tutte contemporaneamente rappresentate in una medesima formazione. Oltre ai Firefly, i britannici impiegarono i modelli armati con il pezzo da 75 mm come gli M4, gli M4A1, gli M4A2 e gli M4A4. All'inizio del 1945, l'11a Divisione Corazzata Britannica dismise i propri Sherman, sostituendoli con i nuovi carri Comet.

Anche le unità corazzate canadesi dispiegate sul fronte europeo, come la 4a e la 5a Divisione e la 1a e la 2a Brigata, furono interamente dotate di Sherman, in massima parte M4A2, M4A4 e Firefly. Contrariamente a quanto ci si potrebbe attendere, i reggimenti corazzati esploranti canadesi non ebbero alcun Cromwell ma furono equipaggiati esclusivamente con Sherman e Stuart. Le formazioni corazzate cecoslovacche e polacche erano organizzate, come quelle canadesi, secondo i principi britannici. L'M4A4 e il Firefly furono le varianti di Sherman più diffuse nella 1a Divisione Corazzata Polacca.

Quando il fronte si stabilizzò presso la Mosa, la maggioranza di questi carri fu sostituita da nuovi M4A1 (76) w. Addestrata dai britannici e schierata in Francia negli ultimi giorni dell'agosto 1944, la 1a Brigata Corazzata Indipendente Cecoslovacca fu incaricata di contenere le sortite della guarnigione tedesca asserragliata a Dunkerque. I due (poi tre) battaglioni carri di questa unità entrarono in linea con i Cromwell ma è risaputo che i cecoslovacchi ottennero almeno 36 Sherman Firefly.

L'oggettiva inferiorità dello Sherman nei confronti dei più pesanti carri tedeschi di ultima generazione non esercitò un significativo impatto sul corso della guerra. Altri fattori rivestirono maggiore importanza rispetto al divario tecnologico. Uno di essi consistette certamente nell'addestramento dei carristi: molti equipaggi tedeschi di scarsa esperienza stavano andando a colmare i paurosi vuoti apertisi nelle file della Panzerwaffe, causati dai lunghi anni di conflitto supportati dalla Germania.

Lo Sherman assolse pienamente alla propria funzione a causa della crescente qualità dei suoi equipaggi e dello sviluppo di nuove tattiche. Grazie alla propria superiore mobilità, il carro armato medio di produzione americana riusciva ad avere ragione dei meglio protetti panzer tedeschi colpendoli sui fianchi, più vulnerabili. Più affidabile dei propri avversari dal punto di vista meccanico e disponibile in grandi quantità, lo Sherman offrì un im-portante contributo ai successi alleati sui campi di battaglia dell'Europa nord-occidentale.

CARATTERISTICHE TECNICHE

Armamento principale:

- Cannone: 75 mm M3 (nelle versioni iniziali).
Munizionamento: Proiettili ad alto esplosivo (HE) e proiettili perforanti (AP), con una velocità alla volata di circa 620 m/s. Il cannone era efficace contro veicoli corazzati leggeri e per il supporto di fanteria, ma si dimostrò poco efficace contro i carri pesanti tedeschi come Tiger e Panther.
- Cannone da 76 mm M1 (nelle versioni successive, come l'M4A3E8), con una velocità alla volata più elevata (circa 792 m/s) per affrontare corazzature più spesse.

Armamento secondario:

-Mitragliatrice coassiale: Browning M1919A4 da 7,62 mm (calibro .30).
-Mitragliatrice scafo: Una seconda Browning M1919A4 da 7,62 mm montata nello scafo anteriore.
-Mitragliatrice antiaerea: Browning M2 da 12,7 mm (calibro .50) montata sulla torretta per la difesa contro aerei o fanteria nemica.

Corazzatura:

-Spessore della corazzatura frontale: Variava tra i 51 mm e i 76 mm di acciaio fuso o laminato.
-Corazzatura laterale: Circa 38 mm.
La corazzatura era inclinata per migliorare la protezione, ma risultava ancora vulnerabile ai potenti cannoni tedeschi, specialmente quelli da 88 mm.

Propulsione e Mobilità:

Motore: Diversi motori furono utilizzati a seconda delle varianti. Le versioni iniziali erano dotate di un motore a benzina Continental R975 C1 a 9 cilindri, radiale a raffreddamento ad aria, con una potenza di circa 400-450 CV. Le versioni successive, come l'M4A3, montavano il più potente motore a benzina Ford GAA V8 da 500 CV.

▲ Gli Sherman con sospensioni a molle verticali (VVSS) erano penalizzati da un'inadeguata mobilità su terreni soffici, a causa dell'elevata pressione al suolo esercitata dai cingoli. Per ovviare inizialmente al problema, gli statunitensi idearono i cosiddetti 'duck-bills', connettori aggiuntivi per le maglie dei cingoli, al fine di ampliarne la larghezza. US NARA

▲ Dettaglio delle ruote dei cingoli dello Sherman.

▼ Sherman M4 Firefly esposto presso il George Patton Museum, Fort Knox, negli USA.

CARRO USA M4 SHERMAN

Carro armato medio M4A1 "denominato "Berlin and back", della Co. B, 760th Tank Battalion, US Fifth Army, Italia gennaio 1944

- Velocità massima: Circa 38-48 km/h su strada, a seconda del modello e delle condizioni del terreno.
- Autonomia: Circa 160-240 km su strada con un pieno di carburante (circa 660 litri di benzina).

Sospensioni:

- Sospensioni Vertical Volute Spring Suspension (VVSS): Nelle prime versioni, consentivano una mobilità decente, ma potevano essere un po' rigide su terreni accidentati.
- Sospensioni Horizontal Volute Spring Suspension (HVSS): Nelle versioni successive (come l'M4A3E8 "Easy Eight"), le sospensioni furono migliorate per una migliore stabilità e un comfort di marcia più elevato.

Dimensioni e Peso:

- Lunghezza: Circa 5,84 m (con il cannone incluso).
- Larghezza: Circa 2,62 m.
- Altezza: Circa 2,74 m.
- Peso: Circa 30-33 tonnellate a seconda del modello e delle modifiche apportate.

Equipaggio:

Composto da 5 membri:
- Comandante
- Cannoniere
- Servente
- Pilota
- Assistente pilota/radiofonista

Munizionamento:

- Capacità di trasporto di 90-97 proiettili per il cannone principale (75 mm o 76 mm).
- Circa 4.750 colpi per le mitragliatrici da 7,62 mm.
- 300-500 colpi per la mitragliatrice antiaerea da 12,7 mm.

Comunicazioni:

- Equipaggiato con una radio SCR 528 per le comunicazioni interne ed esterne sul campo di battaglia.

Varianti principali:

- M4: La versione base, con cannone da 75 mm e sospensioni VVSS.
- M4A1: Simile all'M4, ma con scafo in acciaio fuso.
- M4A2: Versione con motore diesel General Motors 6046 e usato principalmente dai sovietici.
- M4A3: Equipaggiato con il motore Ford GAA V8 e preferito dalle forze americane.
- M4A3E8 "Easy Eight": Versione con sospensioni HVSS e cannone da 76 mm.
- M4A4: Versione con motore Chrysler Multibank.

Punti di forza tecnici:

- Facilità di manutenzione: Lo Sherman era progettato per essere facilmente riparabile sul campo.
- Adattabilità: Modifiche rapide permisero di trasformarlo in veicoli specializzati (come carri sminatori, lanciafiamme, artiglieria semovente, etc.).
- Affidabilità: Il design era robusto e generalmente ben collaudato in diverse condizioni di battaglia e ambienti.

Punti deboli tecnici:

- Corazzatura e armamento inferiori rispetto ai carri tedeschi pesanti: Non era in grado di affrontare frontalmente i Tiger o i Panther senza subire perdite significative.
- Vulnerabilità agli incendi: L'uso di carburante a benzina, combinato con un'architettura interna piuttosto vulnerabile, rendeva lo Sherman incline a incendiarsi quando colpito.

Carro armato medio M4A1 del 756th Tank battallion, 5th army a Cassino Italia febbraio 1944

▲ Curiosa immagine dello Sherman "War Daddy II", un carro M4A1 catturato dai tedeschi e qui collaudato nel campo di prova di Kummersdorf. Alle sue spalle un carro M3. Courtesy Bundesarchiv-Wiki CC1

▼ Sbarco di Anzio, del 27 Aprile 1944 da parte della V Arnata USA: 1st Armored Division, 13th Armored Regiment, Carri Sherman sbarcano da un L.S.T. (Landing Ship Tank) Signal Photo. Anzio, 27 Aprile 1944

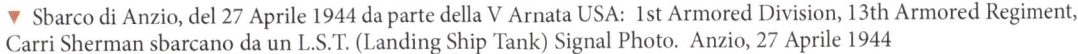

▲ Un M4 della Compagnia C, 68° Battaglione Carri, 6a Divisione Corazzata in movimento su terreno fangoso. US NARA

IMPIEGO OPERATIVO

A seguito del disperato bisogno di forze corazzate da parte delle forze armate britanniche, nel giugno del 1942, mentre le truppe americane si addestravano con i loro primi carri armati Sherman nei campi USA, le forze britanniche subivano una pesante sconfitta per mano della Panzerarmee Afrika a Tobruk. Il 20 giugno, il presidente Franklin Roosevelt chiese a Winston Churchill se ci fosse qualcosa che gli Stati Uniti potessero fare per aiutare. Churchill non esitò e rispose: "Mandaci quanti più carri armati Sherman possibile, e falli arrivare in Medio Oriente al più presto". Roosesvelt si decise così di offrire agli Sherman il loro battesimo di fuoco in terra africana, fornendoli all'alleato britannico. Si trattava di quasi 300 mezzi Questo numero rappresentava quasi l'intera produzione di Sherman fino a quel momento. I carri furono raccolti in fretta, prelevati direttamente dalle fabbriche e persino dalle unità americane che li stavano appena iniziando a utilizzare per l'addestramento. Il momento scelto non fu però dei migliori in quanto il convoglio con i carri armati venne in parte affondato insieme a quasi un centinaio di carri firnorno in fondo al mare..

▪ FRONTE NORD AFRICANO

Fu allora inviato un secondo convoglio per compensare i carri andati perduti. Gli Sherman una volta in Egitto furono rapidamente adattati per il combattimento nel deserto, con l'aggiunta di protezioni supplementari, come le gonne per la sabbia. Lo Sherman fece il suo primo debutto in battaglia nell'ottobre del 1942, durante la famosa seconda battaglia di El-Alamein, combattuta dall'Ottava Armata britannicaconro gli italo-tedeschi. Nonostante la preparazione affrettata, con diversi equipaggi che ricevettero i carri armati il giorno stesso dello scontro, e un piano di battaglia non privo di difetti, che li mandò direttamente nei campi minati, le prestazioni dell'M4 furono contrastanti. Fu solo nel dicembre dello stesso anno che

▲ Lo Sherman "Eternity" fu tra i primi a prendere teraa sul continente europeo. Qui immortalato con la 7a Armata appena sbarcato a Red Beach 2 il 10 luglio 1943, durante l' invasione alleata della Sicilia

Carro armato medio M4A2 Sherman, della C company, 756th tank battalion 5th Army, Cassino, Italia febbraio 1944

il mezzo venne per la prima volta utilizzato dagli americani. Fu durante la campagna di Tunisia, nei pressi di Tebourba. Anche qui, l'inesperienza degli equipaggi e decisioni tattiche poco fortunate causarono pesanti perdite, senza però mettere in discussione la qualità del mezzo, che tuttavia ancora tardava a brillare davanti agli efficienti mezzi tedeschi. In ogni caso si erano comunque dimostrati superiori al loro genitore , l'M3 Grant. Alla fine della campagna africana, gli M4 e M4A1 erano diventati i carri armati standard delle divisioni corazzate americane, mentre gli M3 Grant venivano trasferiti alle forze alleate della Francia libera. Con il passare del tempo, gli M4 e M4A1 cominciarono a essere gradualmente sostituiti dai più avanzati M4A3, a partire dalla caduta di Roma nell'estate del 1944.

LA GUERRA IN EUROPA ITALIA, FRANCIA E GERMANIA

Dopo la campagna africana, lo Sherman fu protagonista in quasi tutte le battaglie della Seconda Guerra Mondiale. Una volta superate le difficoltà iniziali nel suo impiego tattico, dimostrò di essere un mezzo formidabile. Tra i suoi punti di forza spiccavano l'elevata affidabilità meccanica e la facilità di manutenzione, che garantivano un'alta disponibilità operativa. Inoltre, la sua massa e le dimensioni relativamente contenute gli conferivano agilità e la capacità di attraversare la maggior parte dei ponti in Europa, a differenza dei più pesanti carri tedeschi. Il suo armamento era abbastanza potente da confrontarsi con il Panzer IV, spesso superandolo, soprattutto grazie alla velocità di rotazione della torretta, che permetteva di sparare per primo.

Tuttavia, man mano che la guerra progrediva e i carri armati tedeschi si evolsero, ed emersero anche i difetti dello Sherman. I temibili Tiger e Panther si rivelarono avversari quasi impenetrabili al suo fuoco, mantenendo al contrario la capacità di colpire e distruggere gli Sherman da distanze elevate, esponendo i limiti del carro americano contro questi micidiali mostri d'acciaio. Durante la guerra, l'esercito america-

▲ Forze americane in Italia con l'ormai immancabile Sherman

▲ Uno Sherman finito in un torrente e mezzo ribaltato con i genieri impegnati nel suo recupero.

▲ Uno Sherman rinforzato da lastre di cingoli sulla fronte, come protezione aggiuntiva. Modello conservato presso il Langenberg Liberation Memorial in Ede, Olanda.

Carro armato medio M4A1, della Co. F, 13th Armoured Regt., 1st Armored Division, denominato "Frantic", Anzio, Italia, marzo 1944

Carro armato medio M4A1 (75mm) Company F, 13th Armored Regiment, 1st Armored Division " Old Ironsides" zona di Roma Italia giugno 1944.

no equipaggiò ben 16 divisioni corazzate e 65 battaglioni di carri armati indipendenti, diventando così il principale utilizzatore dello Sherman. Inizialmente, ogni divisione corazzata contava su due reggimenti di tre battaglioni ciascuno, con due battaglioni di M4 e uno di fanteria meccanizzata. Questa organizzazione, però, non fu accolta positivamente dai generali, che lamentavano un eccesso di carri armati e una carenza di fanteria.

Nel 1943, la struttura venne rivista: ora ogni divisione contava tre battaglioni di carri armati e tre di fanteria meccanizzata, tranne la 2ª e 3ª divisione corazzata, che mantennero l'originale configurazione per tutta la guerra. In questa nuova organizzazione, un battaglione di carri armati era composto da tre compagnie di M4 Sherman e una di M3 Stuart. Mentre la divisione del 1942 aveva 232 Sherman, quella del 1943 ne schierava solo 186, riflettendo il cambio di strategia.

Dopo la campagna in Nordafrica, gli Sherman diventarono il cuore pulsante delle forze corazzate statunitensi. Non solo furono grandemente impiegati dall'esercito americano, ma anche dai britannici e dagli alleati, prendendo parte a quasi tutte le campagne più decisive della guerra. Durante l'invasione della Sicilia, lo Sherman dimostrò tutto il suo valore. Al fianco della 2ª Divisione Corazzata americana e del 753º Battaglione Carri Medi, gli Sherman furono tra i primi a entrare in azione a Gela, sostenendo gli scontri cruciali che seguirono lo sbarco. Da lì, la 2ª Divisione Corazzata avanzò rapidamente verso Palermo, che occupò il 17 luglio. L'avventura italiana dello Sherman non finì in Sicilia. Dopo lo sbarco a Salerno, fu impiegato in alcune delle battaglie più aspre della campagna d'Italia, a cominciare da Cassino, dove la resistenza tedesca trasformò il paesaggio in un inferno di rovine, fino allo sbarco di Anzio, dove la 1ª Divisione Corazzata americana contribuì a stabilire la preziosa testa di ponte. Questa divisione rimase in Italia fino alla fine del conflitto, accompagnata da otto battaglioni indipendenti equipaggiati con Sherman. In Italia, lo Sherman non fu solo un'arma di battaglia diretta, ma anche una base versatile per

▲ Il connubio tattico fanteria-carri fu una costante nell'esercito americano, come dimostra anche questa foto che fa vedere un plotone di fanti appoggiato al mezzo pesante nella Normandia appena liberata.

veicoli specializzati. Tra questi, due veicoli adattati si distinsero: il Twaby Ark, un veicolo gettaponte, e lo Sherman portafascine. Il Twaby Ark, privo di torretta, calava delle rampe mobili all'interno delle trincee, permettendo il passaggio delle truppe su ponti improvvisati. Il portafascine, anch'esso privato della torretta, trasportava enormi fasci di legno su rotaie saldate alla sua lunghezza. Queste fascine, una volta lasciate cadere nei fossati, li riempivano, creando passaggi sicuri per i veicoli. Anche a Montecassino, un luogo di battaglia simbolo della campagna italiana, gli Sherman combatterono insieme alla 2ª Brigata Corazzata polacca, dimostrando ancora una volta la loro versatilità e resistenza in una delle campagne più dure e costose della Seconda Guerra Mondiale.

■ LO SBARCO IN NORMANDIA E LA CAMPAGNA DI FRANCIA

Gli Sherman fecero il loro debutto in Francia il 6 giugno 1944, sbarcando insieme alla prima ondata del D-Day. Diverse centinaia di Sherman DD (duplex drive), già testati con successo durante l'operazione Avalanche, furono impiegati nella storica invasione. A questi primi carri si aggiunsero, nei mesi successivi, 15 divisioni corazzate e 39 battaglioni indipendenti, con l'M4 nelle sue numerose varianti a formare la spina dorsale di queste formazioni. Tuttavia, sul campo di battaglia europeo lo Sherman dovette confrontarsi interamente con i suoi limiti. In particolare, il confronto con i più avanzati Panzer V mise in evidenza le debolezze del carro americano, che non poteva competere sul piano della potenza di fuoco e della corazzatura. Nonostante ciò, gli Sherman operarono al fianco di altre forze alleate, soprattutto sul Fronte Occidentale, accanto alle truppe britanniche, francesi e polacche. Nelle forze francesi, gli Sherman servirono con distinzione nella 2ª Divisione Corazzata, guidata dal generale Leclerc, che fu la prima unità a rientrare trionfalmente a Parigi nel 1944. Anche la 1ª e la 5ª Divisione Corazzata francese erano equipaggiate con questi carri. Sul fronte polacco, invece, la 1ª Divisione Corazzata, parte delle forze alleate, riuscì a distinguersi come la prima a entrare a Wilhelmshaven.

▲ M4A2 Sherman delle divisioni corazzate americane sbarcano in Normandia nell'agosto 1944

Carro armato medio M4 (75mm) della 5th Armored Division. Questa unità giocò un ruolo primario nella sacca della falesia e nella successiva avanzata verso Parigi nell'estate del 1944.

Oltre che in Occidente, gli Sherman operarono anche sul Fronte Orientale. L'Armata Rossa ne ricevette ben 4.102 (2007 M4A2 e 2095 M4A2 con cannone da 76 mm), e questi carri contribuirono a sfondare le linee tedesche, spingendosi fino a Berlino e Budapest. Tra le unità sovietiche più prestigiose equipaggiate con lo Sherman ci fu il 3° Corpo Meccanizzato della Guardia. Il comandante di M4A2 V.A. Galkin, appartenente al 31° Reggimento Carri, venne insignito dell'onorificenza di "Eroe dell'Unione Sovietica" per il suo valore in battaglia.

■ GUERRA NEL PACIFICO

Nelle prime fasi della guerra nel Pacifico, come nella campagna di Guadalcanal, il Corpo dei Marines degli Stati Uniti schierò i carri armati leggeri M2A4 contro i giapponesi, che utilizzavano i loro Type 95 Ha-Go. Entrambi i veicoli erano equipaggiati con cannoni da 37 mm, ma già, anche il solo M2A4, prodotto nel 1940, era tecnologicamente più avanzato di circa cinque anni rispetto al suo avversario giapponese.

Nel 1943, l'Esercito Imperiale Giapponese tuttavia continuava a impiegare i Type 95 e i Type 97 Chi-Ha, mentre le forze alleate iniziavano a sostituire i loro carri leggeri con i più potenti M4 Sherman, armati con cannoni da 75 mm. Anche le forze cinesi, equipaggiate con 100 Sherman nel teatro Cina-Birmania-India, li utilizzarono con notevole efficacia nelle offensive del 1944 e 1945. Tutto ciò offrì un vantaggio devastante alle forze americane e ai loro alleati nel Pacifico.

Nel tentativo di contrastare lo Sherman, i giapponesi svilupparono due nuovi carri: il Tipo 3 Chi-Nu e il più pesante Tipo 4 Chi-To, entrambi dotati di cannoni da 75 mm, ma di progettazione diversa. Tuttavia, la produzione fu limitata a soli 166 Tipo 3 e due Tipo 4, e nessuno di questi veicoli vide mai il combattimento, essendo stati conservati per la difesa delle isole giapponesi. Così, i giapponesi dovettero affidarsi ancora una volta ai carri degli anni '30 per fronteggiare i sempre più moderni mezzi corazzati degli Alleati, prodotti negli anni '40.

▲ Il famoso Sherman simboilo della resitenza nella battaglia delle Ardenne: "First inBastogne".

Negli ultimi anni della guerra, gli alleati scoprirono che le munizioni ad alto esplosivo erano più efficaci contro i carri giapponesi, poiché i proiettili perforanti, progettati per penetrare corazze più spesse, attraversavano facilmente l'armatura sottile del Type 95 Ha-Go senza causare danni significativi.

Mentre per contro i cannoni ad alta velocità dei cacciacarri erano utili contro fortificazioni ben costruite, gli M4 Sherman armati di lanciafiamme si rivelarono spesso più adatti, poiché il fuoco convenzionale raramente era sufficiente per eliminare le trincee e i bunker giapponesi

▲ Atollo di Kwajalein Atoll. Un soldato in posa davanti allo Sherman "Killer" sul quale è stato posto un carro giapponese catturato Type 94 light tank. A destra: un M4A3 versione lanciafiamme durante la battaglia di Iwo Jima

▲ Un plotone di carri armati Sherman del 713° Battaglione Corazzatoradunato su una cresta di Okinawa.

CARRO USA M4 SHERMAN

▲ Vista del carro M4 Sherman dall'alto.

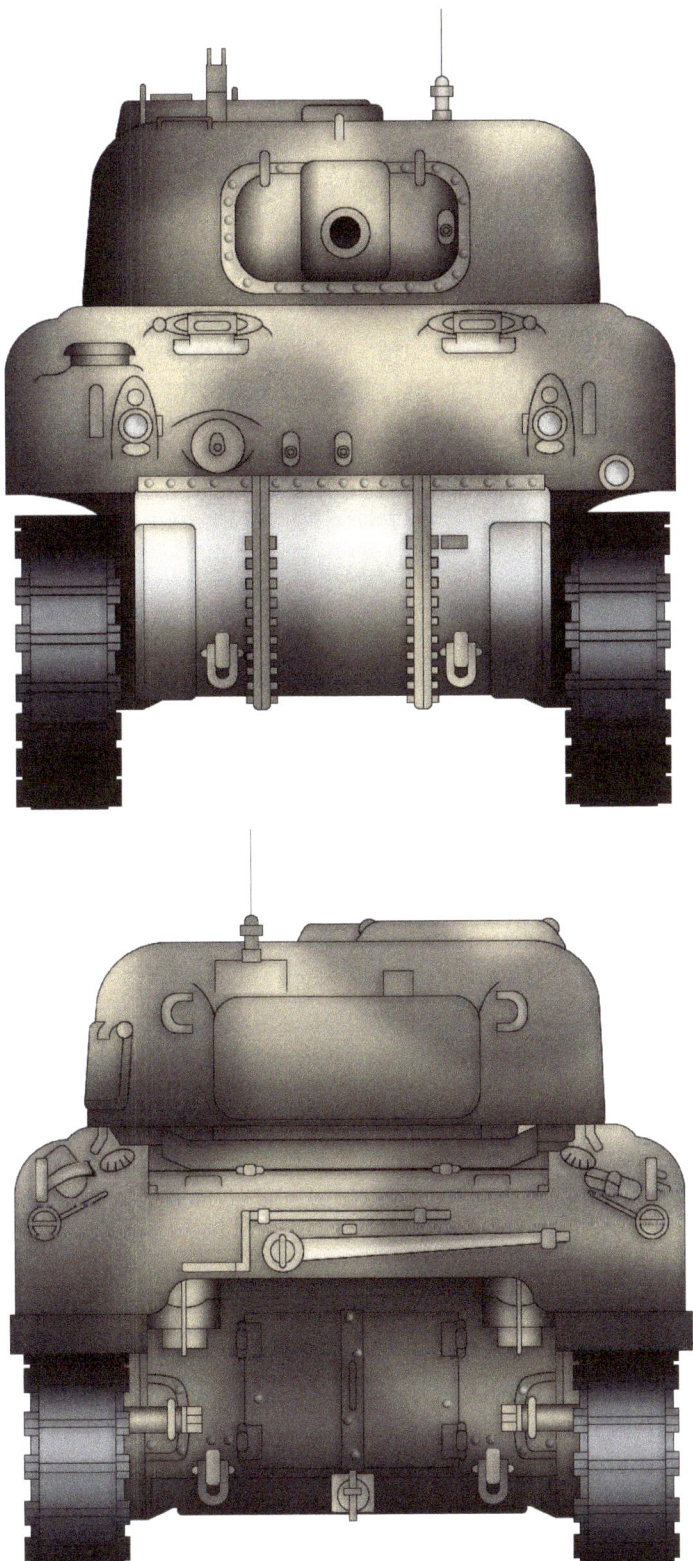

▲ Vista del carro M4 Sherman di fronte e di retro.

Carro armato medio M4 (75mm) 32th Armored Regiment - Normandia, Franca, luglio 1944. M4 equippagitato con Culin device per combattimenti nel bocage francese.

GUERRA DI COREA

Durante la Guerra di Corea, lo Sherman M4A3E8, noto anche come "Easy Eight", rappresentò il carro armato principale dell'esercito statunitense fino alla firma dell'accordo di armistizio. All'inizio del conflitto, l'esercito statunitense mirò a schierare l'M4A3E8 per contrastare il poetente T-34-85 nordcoreano fornito dai russi. Tuttavia, a causa del disarmo post Seconda Guerra Mondiale, c'era una disponibilità limitata di carri armati pronti per un rapido dispiegamento dall'Estremo Oriente.

Il Comando dell'Estremo Oriente degli Stati Uniti recuperò 58 M4A3E8 che si trovavano in Giappone, creando il 8072nd Temporary Tank Battalion (successivamente rinominato 89th Tank Battalion) il 17 luglio. Questi carri furono sbarcati a Busan il 1° agosto e immediatamente impiegati nella battaglia di Masan, a supporto della 25th US Infantry Division.

Nel 1950, un totale di 679 M4A3E8 furono dispiegati nella penisola coreana. Sebbene l'M4A3E8 e il T-34-85 fossero comparabili e capaci di annientarsi a normali distanze di combattimento, l'uso di munizioni perforanti ad alta velocità (HVAP), ottiche avanzate e un addestramento dell'equipaggio superiore conferivano allo Sherman un vantaggio strategico. Tra luglio e novembre del 1950, l'M4A3E8, armato con munizioni HVAP da 76 mm, distrusse 41 carri nemici.

Tuttavia, l'M4A3E8 presentava una capacità di combattimento anticarro inferiore rispetto ai carri di calibro maggiore come l'M26 Pershing e l'M46 Patton, che erano operativi nello stesso periodo. Nonostante ciò, il più leggero M4A3E8 divenne il carro armato preferito dagli Stati Uniti nelle fasi successive del conflitto, grazie alla sua manovrabilità superiore su terreni accidentati e alla facilità di manutenzione, supportata da una buona affidabilità meccanica. Queste caratteristiche lo resero particolarmente efficace

▲ Carri americani Sherman in un attimo di pausa durante il conflitto in Corea.

nel fornire supporto ravvicinato alle unità di fanteria, specialmente durante le operazioni in terreni elevati e montuosi. A partire dal dicembre 1951, circa 20 M4A3E8 furono assegnati al Corpo dei Marines della Repubblica di Corea, mentre l'esercito statunitense impiegava gli M36 GMC come principale mezzo corazzato durante il conflitto.

Verso la metà della guerra, l'Esercito Australiano giudicò il Grant non adatto ai compiti bellici all'estero e le unità che avevano utilizzato il carro M3 furono riequipaggiate con il Matilda II prima di essere impiegate nelle Campagne di Nuova Guinea e Borneo. A causa della carenza di personale, tutte e tre le divisioni furono ufficialmente sciolte nel 1943 e ridimensionate a unità di livello brigata e battaglione.

▲ Un carro Sherman lanciafiamme spara una raffica di napalm durante le manovre di addestramento durante il periodo dei colloqui di pace del settembre 1953 in Corea1953

▲ Sherman M-4 Tiger Tank, durante l'offensiva lanciata dal 5th Rct contro le forze nord coreane. Corea 1951.
A destra: Carco di uno Sherman su un USMC presso il Naval Supply Center Oakland nel 1950

Carro armato medio M4 (75mm)   37th Tank Battalion, Headquarters Company, 4th Armored Division Normandia, Frania, agosto 1944.

Carro armato medio M4A3 (76mm), del 19th Tank Battalion, 9th Armored Division, Belgio, novembre 1944

MIMETICHE E SEGNI DISTINTIVI

Durante la Seconda Guerra Mondiale, il Corpo del genio dell'Esercito degli Stati Uniti era responsabile della mimetizzazione dei veicoli militari e allo scopo sviluppò tutta una serie di manuali (FM) e altre istruzioni.

Lo scopo di questi manuali era quello di istruire i responsabili dei battaglioni del Genio al fine di utilizzare in maniera adeguata questi colori e ad adottare i modelli di mimetizzazione indicati.

I due manuali più significativi furono i seguenti: FM 5-20 e FM 5-21, pubblicati nell'ottobre del 1942. Durante la guerra l'Engineer Corps dell'Esercito degli Stati Uniti ha specificato diversi colori che qui riportiamo insieme al relativo Federal Standard Equivalente:

- N. 9 Olive Drab (verde oliva)
- N. 22 Olive Drab (verde oliva)
- N. 8 Earth Red (rosso terra)
- N. 6 Earth Yellow (giallo terra)
- N. 5 Earth Brown (terra marrone)
- N. 1 Light Green (verde chiaro)-
- N. 31 Olive Drab (verde oliva)-
- N. 11 Forest Green (verde foresta)
- N. 10 Black (nero)
- N. 12 Desert Sand (sabbia del deserto),
- Ocean Gray
- Olive Drab 50 (verde oliva scuro).

Il colore di fondo per eccellenza, nato negli anni '30, era l'Olive Drab (OD) N. 22. Lo stesso che poi dal 1942 diventerà il numero 9. L'Olive Drab in senso lato era il colore base degli USA sin dal 1917.

La tonalità di Olive Drab utilizzata dall'USAAF era più scura di quella dell'Esercito e venne indicata come Olive Drab N. 31. Questa tonalità non era unificata con quella dell'esercito perché aveva una specifica caratteristica anti-infrarossi.

Le tonalità di colore Olive Drab subirono poi diversi cambiamenti nel corso della guerra, ma non le specifiche del colore che rimasero invariate dagli anni Venti. Negli anni precedenti la Seconda Guerra Mondiale i colori apparivano in un tono opaco, mentre alla fine della guerra esso si era evoluto in una tonalità più satinata, quasi lucida in alcuni casi.

Il colore cambiò anche nella luminosità; all'inizio della guerra la tonalità era più chiara di quella utilizzata alla fine della guerra. Variazioni poi erano dovute anche ai diversi produttori di vernici, i quali disponevano di diverse tonalità di Olive Drab, che andavano dal giallo al marrone. Come già segnalato l'Olive Drab utilizzato verso la fine della guerra aveva una caratteristica di lucentezza e la tonalità era più marrone, per una tinta molto diversa da quella vista allo scoppio della Seconda Guerra Mondiale.

Il Corpo dei Marines usava colori più complementari a quelli usati dall'Esercito, come il colore n. 12 Desert Sand per mimetizzare i propri veicoli, oltre a tutte le varianti colori OD, Earth Yellow e Earth Red. Il Corpo dei Marines, come l'esercito, utilizzava il colore Forest Green come colore di base per i suoi carri armati M3 e M2A2, ma non usò mai il colore OD per gli stessi veicoli. Sempre fra i marines, alcuni LVTP e mezzi da sbarco erano dipinti in un colore grigio detto Ocean Grey.

L'Esercito aveva un battaglione specializzato nella verniciatura dei veicoli, mentre il Corpo dei Marines si affidava agli equipaggi dei veicoli per l'applicazione della vernice e delle eventuali mimetiche. Questa pratica si diffuse presto in tutto il Corpo, e i marines ne andarono fieri, perché questo fatto permise loro una certa libertà "artistica" nel creare le mimetiche.

COLORI E MIMETICHE ESERCITO AMERICANO (USA) WW2

Insignia White	Ocean Grey	White	Aged White	Ivory	US Sand	US Light Green
US Field Drab	US Olive Drab	US Forrest Green	US Earth Red	US Earth Brown	Black	UK Tommy Green

Durante l'invasione delle Isole Salomone apparvero alcuni modelli di mimetizzazione molto colorati. Nell'esercito la 1ª Divisione corazzata fu la prima unità corazzata schierata in Africa. I suoi veicoli erano dipinti in Olive Drab, con grandi strisce e stelle gialle. Tanto appariscenti che i tedeschi chiamarono quei carri "bersagli ideali". Infatti, durante le prime battaglie contro le forze tedesche ci si rese ben presto conto che queste colorazioni non erano una buona scelta nell'ambiente desertico. Di conseguenza, le truppe americane iniziarono ad utilizzare sabbia e vernici locali per mimetizzare i loro veicoli nell'ambiente nord-africano.

■ ULTIMO PERIODO

Fu solo dopo l'invasione della Sicilia, altrimenti nota come operazione "Husky", che i colori formali stabiliti dal Genio vennero utilizzati per mimetizzare anche i veicoli in Africa. Fu allora che i colori complementari Earth Yellow No. 6 e Earth Red No. 8 cominciarono ad essere utilizzati.

I veicoli e i mezzi corazzati che operavano nelle foreste e nei climi caldi dovevano essere verniciati in Olive drab 50 e Black; entrambi colori scuri applicati in uno schema a grandi strisce. In seguito si aggiunse anche il verde chiaro n. 1 come colore complementare. Il bianco venne ovviamente utilizzato per la mimetica dei climi freddi e artici.

COLORI E MIMETICHE ESERCITO INGLESE WW2

Silver Grey Afrika-Balkan	Slate Afrika-Balkan	Light Stone Afrika-Balkan	Portland Stone Afrika-Balkan	Desert Pink Afrika-Balkan	Dark Olive Afrika-Balkan	Dark Gun Metal
Olive Drab Disruptive Europe	Blue Black Disruptive Europe	Light Mud Disruptive Europe	Brown Disruptive Europe	Dark Brown Disruptive Europe	Deep Bronze Green Disruptive Europe	Tommy Green

Carro armato medio M4A1 (75) Sherman (modello tardo) 31st Tank Battalion (C Company), 7th Armored Division "Lucky Seventh" - Saint-Vith, Belgio, dicembre 1944

▲▼ Truppe americane che insieme ai loro Sherman procedono alla conquista di cittadine tedesche nel 1945

Carro armato medio M4A3 (75mm Jumbo assault gun) Company C, 37th Tank Bttn, 4th Armored Division Bastogne, Belgio, dicemnre 1944.

CARRO USA M4 SHERMAN

Carro armato medio M4A3 (76), denominato "Kokomo", del comandante del 760th Tank Battalion, US Fifth Army, Nord Italia, gennaio 1945

VERSIONI DEL VEICOLO

L'M4 Sherman, carro icona della US army della Seconda Guerra Mondiale, conobbe una numerosa serie di varianti sviluppate in risposta alle esigenze belliche e alle limitazioni nella produzione di motori. Il Whirlwind, motore aeronautico utilizzato nei primi modelli, fu richiesto anche dall'USAAF (United States Army Air Force), il che spinse a esplorare alternative motoristiche per garantire la produzione continua del carro.

Queste le principali varianti dello Sherman e le loro caratteristich:

-**M4 (Sherman I)** Il modello base, l'M4, era equipaggiato con un motore radiale Continental R975 da 9 cilindri, in grado di sviluppare 380 HP. Il suo scafo saldato e le caratteristiche esterne, come i contenitori dei filtri dell'aria e la corazza posteriore, lo rendevano immediatamente riconoscibile. La produzione di questo modello iniziò nel luglio 1942 e coinvolse numerose aziende per soddisfare l'alta domanda. In totale furono realizzati 6.748 esemplari con un cannone da 75 mm.

-**M4A1 (Sherman II)** Per ovviare alla complessità della saldatura degli scafi, il modello M4A1 fu il primo Sherman a presentare uno scafo fuso, caratterizzato da angoli arrotondati. Condivideva il motore con l'M4 e fu prodotto in circa 6.281 esemplari con cannone da 75 mm e 3.426 con cannone da 76 mm.

▲ Famosa immagine che mostra il primo sbarco di Sherman sulla spiaggia di Anzio, Italia 1944

-**M4A2 (Sherman III)** A causa della carenza di motori Whirlwind, venne introdotto il motore diesel GM Twin 6-71. Questo modello venne utilizzato principalmente dalle nazioni alleate nell'ambito del programma Lend-Lease, poiché l'US Army preferiva carri alimentati a benzina per evitare problemi logistici. Ne furono costruiti oltre 8.000 esemplari con scafo simile all'M4.

-**M4A3 e M4A3W (Sherman IV)** Il motore Ford GAA, potente e affidabile, rendeva questa variante una delle preferite. Dotato di 500 HP, era riconoscibile per le griglie di raffreddamento sul cofano e una piastra posteriore allungata. La versione M4A3W, con munizioni protette da acqua per ridurre il rischio di incendi, divenne lo standard dell'US Army, restando in servizio anche dopo la guerra.

-**M4(105) e M4A3(105)** Questi modelli, armati con un obice da 105 mm, erano destinati al supporto ravvicinato della fanteria. Ne furono costruiti circa 4.680 esemplari tra il 1944 e il 1945.

-**M4A1(76) W e M4A3(76) W** Entrambe le varianti adottarono una nuova torretta T23, che ospitava un cannone lungo da 76 mm, offrendo una potenza di fuoco superiore.

-**M4A3E2 Jumbo** Una variante con corazzatura rinforzata, pensata per aprire la strada alle colonne durante missioni a rischio di imboscata. Ne furono costruiti 254 esemplari, alcuni dei quali vennero successivamente riarmati con cannoni da 76 mm.

-**M4A3E8 (Easy Eighth)** Conosciuto per il sistema di sospensioni HVSS, che migliorava la mobilità e il comfort su terreni accidentati, il modello "Easy Eight" fu uno dei protagonisti della Guerra di Corea. Era dotato di un cannone da 76 mm.

-**M4A4 (Sherman V)** Questa variante montava il motore Chrysler A-57, un motore a 30 cilindri che richiese l'allungamento dello scafo. Questo modello fu costruito principalmente per l'esercito britannico.

-**M4 Calliope** Infine, lo Sherman Calliope integrava un dispositivo lanciarazzi, che lo trasformava in un mezzo di artiglieria mobile, capace di colpire obiettivi corazzati e fanteria. Esisteva in due varianti: il T40 Whizbang a corto raggio e il T34 Calliope a lungo raggio.

In conclusione, la varietà di versioni dello Sherman riflette l'adattabilità di questo carro alle esigenze dei campi di battaglia e alle sfide produttive dell'epoca. Grazie a questa flessibilità, lo Sherman rimase uno dei principali protagonisti della guerra corazzata del XX secolo.

▲ Un carro M4A3 con placche laterali di protezione per le munizioni. Wiki CC1

▲ Evolouzione del carro Sherman M4 fino alla guerra di Corea. Courtesy by NotLessOrEqual CC1

CARRO USA M4 SHERMAN

▲ Varie immagini del carro Sherman M4 in mostra al parco esposizioni di Novegro (Italia). Foto autore

Carro recovery M4 (75mm) 175th Tank Bttn, 123rd Rgt, 33rd Infantry Division - Filippine, marzo 1945.

CARRO USA M4 SHERMAN

CONCLUSIONI

Tirando le somme, l'M Sherman fu un perfetto esempio di come la produzione di massa e l'affidabilità possano spesso superare la pura superiorità tecnica. Mentre i carri tedeschi come il Tiger e il Panther erano più potenti in termini di armamento e corazzatura, erano tuttavia anche costosi, complessi da produrre e difficili da mantenere.

Lo Sherman, al contrario, era più leggero, più facile da produrre e mantenere e, soprattutto, disponibile in numeri enormi. Questo risultato si ottenne sopratutto grazie al design relativamente semplice che in definitiva richiedeva assai meno risorse ripetto ai carri tedeschi. Gli Alleati riuscirono a sfruttare questo vantaggio numerico e logistico per superare le forze tedesche, nonostante le limitazioni del carro. Era anche un mezzo dalla elevata affidabilità meccanica, potendo percorrere ampi tratti e distanze senza subire guasti significativi. Altro grande vantaggio era costitutio da una semplice manutenzione: lo Sherman era progettato per essere facile da riparare e mantenere sul campo. I pezzi di ricambio erano abbondanti e gli equipaggi potevano spesso eseguire riparazioni in modo rapido, un aspetto cruciale per mantenere i veicoli operativi. Per non dimenticare a mobilità: Anche se non era il carro più veloce, lo Sherman aveva una buona autonomia generale grazie a un motore potente e a un buon rapporto peso/potenza. Era adatto a diversi terreni, il che gli consentiva di operare proficuamente in Europa, nel Nord Africa e nel Pacifico.

Il mezzo dsi dimostrò altresì molfor flessibile: Lo Sherman fu utilizzato in numerose varianti, adattato come cacciacarri, artiglieria mobile, lanciafiamme e altri ruoli specializzati, dimostrando la sua versatilità. In definitiva, lo Sherman non è stato il miglior carro armato in termini di potenza o protezione, ma è stato forse il più efficace e decisivo per la vittoria degli Alleati grazie alla sua affidabilità, adattabilità e la possibilità di essere prodotto in grandi quantità.

SCHEDA TECNICA	
	Sherman M4
Lunghezza	5840 mm
Larghezza	2620 mm
Altezza	2740 mm
Data entrata in servzio/uscita	1942/1955
Peso in ordine di combattimento	30,3 tonnellate
Equipaggio	5 (comandante, autista, serventi e cannoniere)
Motore	Continental R-975-EC1 a benzina, Ford GAA V8 e altri
Velocità massima	48 km/h su strada 22 km/h fuori strada
Autonomia	193 km su strada, 160 fuori strada
Pendenza massima	34,5%
Costo unitario	Da 44.000 a 65.000 $ pari a 600-800.000 euro attuali
Armamento	1 cannone da 75 mm M3 L/40 1 mitragliatrici Browning M2HB cal. 50 2 mitragliatrici Browning M1919A4 cal .30 (7,62 mm)
Produzione	49.300 esemplari

Carro armato medio M4A3 modello Flame Marines corps 4° tank battalion a Jwo Jma Giappone marzo 1945. Notare i bocchettoni posteriori per fornire aria all'abitacolo anche durante l'ammaraggio per lo sbarco

PRINCIPALI UTILIZZATORI

Nazione	Quantita	Note
Argentina		
Australia		Solo proposte di test
Brasile	80 M4	
Canada		Gli ultimi vennero ritirati nel 1970
Cile		
Cuba		
Cina		
Corea del sud	12	In servizio dal 1950
Danimarca		M4E4 (76mm)
Egitto		Utilizzati fra il 1947 e il 1956.
Francia	1.254 M4A1 (76mm)	In servizio dal 1943 al 1967.
Filippine		
Giappone	264 M4A3E8	Ritirati alla fine degli anni 1970.
Israele		In servizio dal 1947 al 1970
India		
Italia	M4, M4A1, M4A2 ed M4A4	Dal 1947 al 1952
Libano		Forniti da Israele
Nuova Zelanda		
Olanda	44	Dal 1952
Polonia		
Portogallo	M4E4 (76mm)	
Uganda		Forniti da Israele
Pakistan	547 (anni 1950) e 40 (1971)	M4E4 (76mm)
Paraguay		Ritirati nel 2018
Regno Unito	17.184	Compresi i mezzi forniti al Commonwealth
URSS	2.007 M4A2 75 et 2.095 M4A2(76)	In servizio fra il 1944 e 1945.
USA	Oltre 20.000	In servizio dal 194 al 1954
Jugoslavia	599	M4E4 (76mm) forniti fra 1951 e 1957

Dopo la fine della Seconda Guerra Mondiale, i carri armati Sherman furono distribuiti a diversi eserciti della NATO, continuando a servire sia per le forze statunitensi che per i loro alleati durante la Guerra di Corea. Anni dopo questi mezzi in mano all'esercito israeliano, che alla ricerca di un aggiornamento tecnologico, decise di modificarli installando il cannone CN-75-50 L/61,5 da 75 mm del carro leggero francese AMX-13/75 e il potente Modèle F1 da 105 mm dell'AMX-30, un carro armato da battaglia francese. Queste versioni modificate, conosciute come M-50 e M-51, furono soprannominate "Super Sherman" e dimostrarono quanto un veicolo ormai considerato obsoleto potesse essere rinnovato per l'uso in prima linea. I Super Sherman giocarono un ruolo importante durante la Guerra dei Sei Giorni nel 1967, e nella Guerra dello Yom Kippur nel 1973. Tuttavia, con l'avvento del più moderno carro armato Merkava, gli M-50 e M-51 furono infine ritirati dal servizio attivo israeliano nel 1980.

Carro armato medio M4 "Thunderbolts VII" del Colonnello Creighton Abrhams e le sue famose insegne personali, Horazdovice, Cecoslovacchia, maggio 1945

Carro armato medio M4 A2 (75mm) del 6th Tank Battalion, US Marine Corps - Naha Sector, Okinawa, giugno 1945.

▲ Poster di propaganda delle officine americane costrutrici dei carri armati

BIBLIOGRAFIA

- Bishop, Chris *The Encyclopedia of Weapons of World War II* (2002) Metro Books.
- Calderon e Fernandez, *Sherman the American miracle,* spain 2017
- Chamberlain, Peter; Ellis, Chris. *British and American Tanks of World War II.* New York: Arco.
- Culver B. *"Sherman in Action",* Squadron/Signal Publications, 1977.
- Doyle David, *Sherman Tank: America's M4 and M4, 105, Medium Tanks in World War II*
- Esteve Michel, Sherman: *The M4 Tank in World War II* Casematte pubblisher
- Fletcher D., *"Sherman Firefly",* Osprey Publishing Ltd., 2008.
- Ford Roger, *The Sherman Tank: Weapons of War* , History press UK
- Forty G. *"United States Tanks of World War II",* Blandford Press, 1989.
- Gawrych Wojcisch, *M4A2 Sherman Part 1.* Armor photogallery
- Gawrych Wojcisch, *M4 Sherman WC Firefly.* Armor photogallery
- Askew Michael, *M4 Sherman Tanks: The Illustrated History of America's Most Iconic Fighting Vehicles*
- Hunnicutt, R. P. Sherman, *A History of the American Medium Tank.* 1978; Taurus Enterprises.
- Mesko J., *"Walk Around M4 Sherman",* Squadron/Signal Publications, 2000.
- Mokva Stanislaw, *M4 Sherman: M4, M4A1, M4A4 Firefly,* Kagero
- Oliver Dennis, *Sherman tanks US army in Europe 1944-1945*
- Porter, David *Allied Tanks of World War II (World's Great Weapons)* (2014) Amber Books
- Sandars J. *"The Sherman Tank in British Service 1942-45",* Osprey Publishing, 1982.
- Stansell P., Laughlin K., *"Son of Sherman Vol. 1: The Sherman Design and Development",* The Ampersand Group, 2013.
- USMC D-F Series Tables of Equipment (TOEs), 1942-1944.
- White B. T., *"British Tanks and Fighting Vehicles 1914-1945"* Ian Allan Ltd., 1970.
- War departement, *M4 Sherman Medium Tank Crew Manual*
- Ware Pat, *M4 Sherman: Entwicklung, Technik, Einsatz*
- Ware Pat, *Char Sherman: Toutes les variantes du M4 depuis 1941*
- Zaloga, Steven (2008). Armored Thunderbolt: The US Army Sherman in World War II. Stackpole Books. ISBN 978-0-8117-0424-3.
- Zaloga S. J., *"Armored Thunderbolt: The U.S. Army Sherman in World War II",* Stackpole Books, 2008.
- Zaloga S. J., *"M4 (76mm) Sherman Medium Tank 1943-65",* Osprey Publishing, 2003.
- Zaloga S. J., *"Patton's Tanks",* Arms and Armour Press, 1984
- Zaloga S. J., *"Sherman Medium Tank 1942-1945",* Osprey Publishing, 1993.
- Zaloga S. J., *The Sherman at war, US army in Europe* Concord Publishing.

TITOLI GIÀ PUBBLICATI

ALL BOOKS IN THE SERIES ARE PRINTED IN ITALIAN AND ENGLISH

**VISITA IL NOSTRO SITO PER AVERE MAGGIORI INFORMAZIONI SU
THE WEAPONS ENCYCLOPAEDIA:**
https://soldiershop.com/collane/libri/the-weapons-encyclopaedia/

TWE-030 IT

www.ingramcontent.com/pod-product-compliance
Ingram Content Group UK Ltd.
Pitfield, Milton Keynes, MK11 3LW, UK
UKHW060216240426
12048UKWH00030BB/1689